JN039623

考える力がぐんぐん育ち、
書くことが大好きになる！

こども「文《ぶん》章《しょう》力《りょく》」ゲーム

Takashi Saito
齋藤 孝

KADOKAWA

はじめに

「文章《ぶんしょう》を書《か》くのが苦手《にがて》だな〜」というキミ。

じゃあ、友《とも》だちとしゃべるのはどうかな？　きっと、文章《ぶんしょう》を書《か》くよりは楽《たの》しいよね。

文章《ぶんしょう》を書《か》くこととしゃべることはぜんぜんちがうと思《おも》うかもしれないけれど……そんなことはないよ。なぜなら、今《いま》の時代《じだい》は、「話《はな》し言葉《ことば》」も「書《か》き言葉《ことば》」も、「口語体《こうごたい》」という同《おな》じスタイルだからなんだ。

つまり、〝しゃべったことをそのまま書《か》いていい〟ってこと。

「そんなの当《あ》たり前《まえ》だよ」という声《こえ》が聞《き》こえてきそうだけど、じつは「当《あ》たり前《まえ》」じゃない。

昔《むかし》、といっても明治時代《めいじじだい》くらいまでの書《か》き言葉《ことば》は、「文語体《ぶんごたい》」といって話《はな》し言葉《ことば》とはちがうスタイルだったんだ。だから、書《か》くための言葉《ことば》や文章《ぶんしょう》のスタイルを勉強《べんきょう》しなくてはならなかった。

でも今《いま》は、〝しゃべったことを、そのまま書《か》いていい〟時代《じだい》。だから、文章《ぶんしょう》を書《か》くことを特別《とくべつ》なことと思《おも》わなくていいんだ。

心《こころ》で感《かん》じたことを文章《ぶんしょう》にすることが重要《じゅうよう》なんだよ。

この本《ほん》は、ゲームのように言葉《ことば》遊《あそ》びをして、それを積《つ》み重《かさ》ねていくことで「文章《ぶんしょう》を書《か》く力《ちから》=文章力《ぶんしょうりょく》」を身《み》につけてしまおうというもの。

「文章《ぶんしょう》を書《か》くのが苦手《にがて》」というキミのための本《ほん》なんだ!

一番大事《いちばんだいじ》なのは、どんどん手《て》を動《うご》かして書《か》いていくこと。

「うーん」と悩《なや》んで止《と》まってしまったら、「やっぱり苦手《にがて》」とふりだしに戻《もど》ってしまうからね。

ただ、書《か》くといっても書《か》く内容《ないよう》が重要《じゅうよう》。書《か》く内容《ないよう》は、キミの発想力《はっそうりょく》や想像力《そうぞうりょく》、面白力《おもしろりょく》を発揮《はっき》しながら、構成力《こうせいりょく》や表現力《ひょうげんりょく》をいかして〝伝《つた》わる文章《ぶんしょう》〟にしたいよね。

おうちの人《ひと》にまずしゃべってみて、それを文章《ぶんしょう》にするとどんどん進《すす》められるよ!

キミらしく、楽《たの》しい文章《ぶんしょう》が書《か》けるように、がんばってみよう!

目《もく》次《じ》

「文章力《ぶんしょうりょく》」に含《ふく》まれるさまざまな力《ちから》

人《ひと》の心《こころ》に届《とど》ける

訴求力《そきゅうりょく》

ゲーム2
ゲーム15

説明力《せつめいりょく》

ゲーム3
ゲーム8
ゲーム10
ゲーム11
ゲーム15

表現力《ひょうげんりょく》

ゲーム2
ゲーム4
ゲーム6
ゲーム11
ゲーム17

文章《ぶんしょう》として組《く》み立《た》てる

展開力《てんかいりょく》

ゲーム5
ゲーム7
ゲーム12

構成力《こうせいりょく》

ゲーム12
ゲーム14
ゲーム19
ゲーム20

論理力《ろんりりょく》

ゲーム6
ゲーム7
ゲーム11
ゲーム12

会話力《かいわりょく》

ゲーム1
ゲーム17

言葉《ことば》にする

語彙力《ごいりょく》

ゲーム6
ゲーム9
ゲーム13
ゲーム19
ゲーム20

要約力《ようやくりょく》

ゲーム3
ゲーム18
ゲーム19

伝《つた》えたい事柄《ことがら》を生《う》み出《だ》す

創作力《そうさくりょく》

ゲーム4
ゲーム9
ゲーム10
ゲーム16
ゲーム20

想像力《そうぞうりょく》

ゲーム5
ゲーム9
ゲーム13
ゲーム16
ゲーム18

発想力《はっそうりょく》

ゲーム1
ゲーム4
ゲーム5
ゲーム7
ゲーム10
ゲーム14
ゲーム18

自分《じぶん》なりの視点《してん》を持《も》つ

面白力《おもしろりょく》

ゲーム1
ゲーム16
ゲーム17

観察力《かんさつりょく》

ゲーム3
ゲーム8
ゲーム13
ゲーム15

この本《ほん》の使《つか》い方《かた》・楽《たの》しみ方《かた》

1 とにかく書《か》いてみる！

正解《せいかい》かどうかなんて気《き》にしない。
パッと浮《う》かんだアイデアや言葉《ことば》を
どんどん書《か》いていこう！

2 だれかと相談《そうだん》してもいい！

ひとりでやらなきゃいけないなんて
決《き》まりはない！　友《とも》だちや周《まわ》りの
大人《おとな》と一緒《いっしょ》にやるのもGOOD《グッド》！

3 1日《にち》1ページでもOK！

たくさんやることが大事《だいじ》なわけじゃない。
気持《きも》ちがノッてきたら、
何《なん》ページやってもいいよ。

4 枠線《わくせん》からはみだしてもいい！

もし、もっとたくさん書《か》きたいことが
浮《う》かんだら、枠《わく》からはみだして書《か》こう！

5 キミらしさを大切《たいせつ》に！

うまく書《か》こうとしなくていいんだよ。
キミらしさがあふれる文章《ぶんしょう》が一番《いちばん》いい！

第《だい》1章《しょう》

短《みじか》い言《こと》葉《ば》で書《か》いてみよう

ゲーム 1

会話力《かいわりょく》　発想力《はっそうりょく》　面白力《おもしろりょく》

写真《しゃしん》で会話《かいわ》！

吹《ふ》き出《だ》しにセリフを書《か》き込《こ》み、写真《しゃしん》にタイトルをつけてみよう！

表情《ひょうじょう》などから、言《い》いそうなことを考《かんが》えてみよう！

例《れい》

う、うん。まばたきもダメだよね

動《うご》いたら……負《ま》けだよ

タイトル

必勝《ひっしょう》！だるまさんが転《ころ》んだ

タイトル

タイトル

タイトル

タイトル

タイトル

ゲーム 2

訴求力《そきゅうりょく》 表現力《ひょうげんりょく》

キャッチコピー合《がっ》戦《せん》！

人《ひと》の心《こころ》をつかむ言葉《ことば》、それがキャッチコピー。写真《しゃしん》を見《み》て、見《み》たくなる、行《い》きたくなる、買《か》いたくなるようなキャッチコピーを考《かんが》えよう！

例《れい》

どんなところが
ワクワクする
かな？

よさこい祭《まつ》り

キャッチコピー

舞《ま》い、踊《おど》り、飛《と》び跳《は》ねる。
この一瞬《いっしゅん》にすべてをかけろ！

徳《とく》島《しま》県《けん》の阿《あ》波《わ》踊《おど》り

キャッチコピー

お掃《そう》除《じ》ロボット

キャッチコピー

英《えい》国《こく》式《しき》のアフタヌーンティー

キャッチコピー

ゲーム

3

説明力《せつめいりょく》　要約力《ようやくりょく》　観察力《かんさつりょく》

比《ひ》較《かく》して書《か》いてみよう！

AとBを見比《みくら》べて、似《に》ているところとちがうところを見《み》つけて書《か》いてみよう！

どこが似《に》ていて、
どこがちがうか、
よ～く見《み》てみよう！

例《れい》

A　パグ

フレンチブルドッグ　B

AとBの似《に》ているところは、
鼻《はな》から口《くち》までの形《かたち》で、
口角《こうかく》が下《さ》がっているように見《み》えるところです。
ちがうところは、耳《みみ》で、
Aは黒《くろ》くてたれさがっているけれど、
Bは白《しろ》くて立《た》っています。

A 自転車《じてんしゃ》

B キックボード

AとBの似《に》ているところは、

ちがうところは、

A

富嶽《ふがく》三十六景《さんじゅうろっけい》シリーズ
「凱風快晴《がいふうかいせい》」葛飾北斎《かつしかほくさい》
（通称《つうしょう》「赤富士《あかふじ》」）

B

富嶽《ふがく》三十六景《さんじゅうろっけい》シリーズ
「山下白雨《さんかはくう》」葛飾北斎《かつしかほくさい》
（通称《つうしょう》「黒富士《くろふじ》」）

AとBの似《に》ているところは、

ちがうところは、

A

「ジャドブーファン近《ちか》くの木々《きぎ》と家《いえ》」

セザンヌ

B

富《ふ》嶽《がく》三十六景《さんじゅうろっけい》シリーズ

「東海道《とうかいどう》程ヶ谷《ほどがや》」葛飾《かつしか》北斎《ほくさい》

Aと Bの似《に》ているところは、

……………………………………………………

……………………………………………………

ちがうところは、

……………………………………………………

……………………………………………………

ゲーム 4

表現力《ひょうげんりょく》 創作力《そうさくりょく》 発想力《はっそうりょく》

5・7・5で標語《ひょうご》！

それぞれのテーマについての標語《ひょうご》を、5・7・5で作《つく》ってみよう！

例《れい》

交《こう》通《つう》安《あん》全《ぜん》

てをあげて

おうだんほどうを

わたろうね

字《じ》余《あま》りもOK！

交《こう》通《つう》安《あん》全《ぜん》

ゴミ捨《す》て

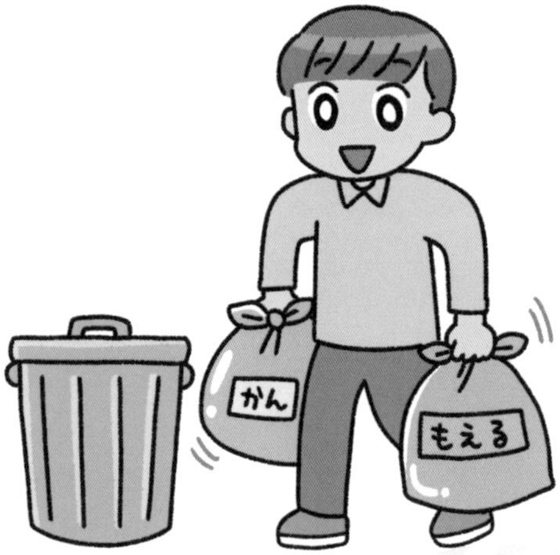

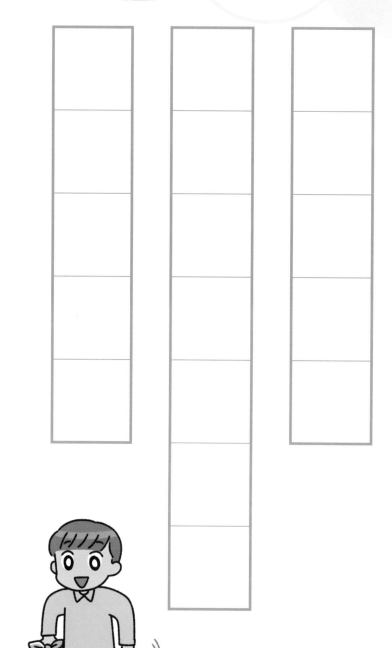

森《もり》を守《まも》る

動《どう》物《ぶつ》愛《あい》護《ご》

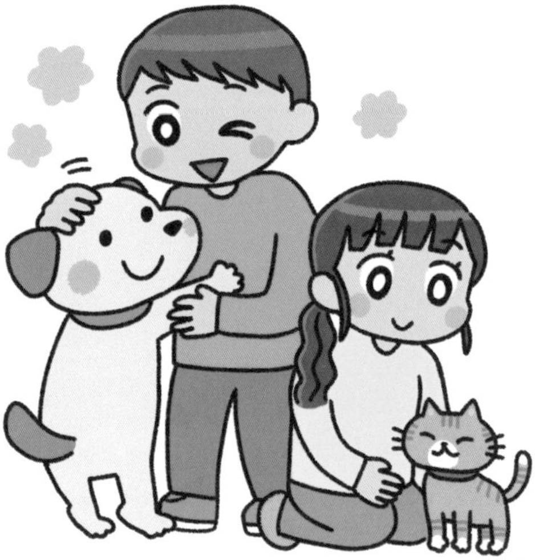

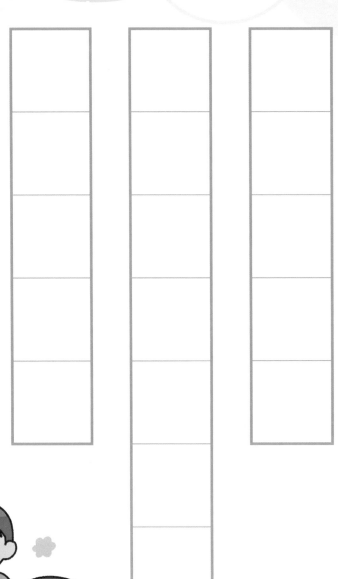

歩《ある》きスマホ

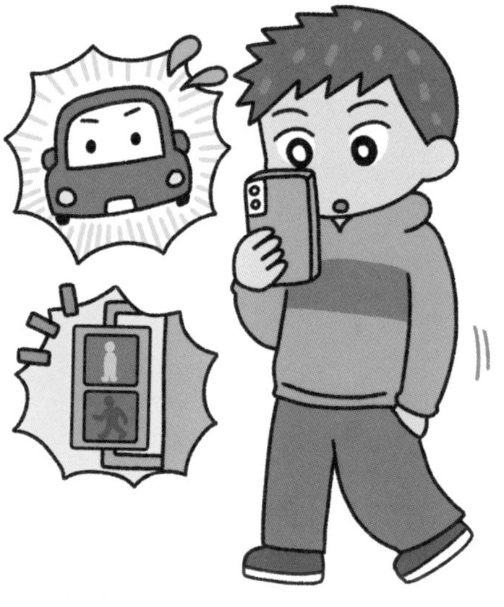

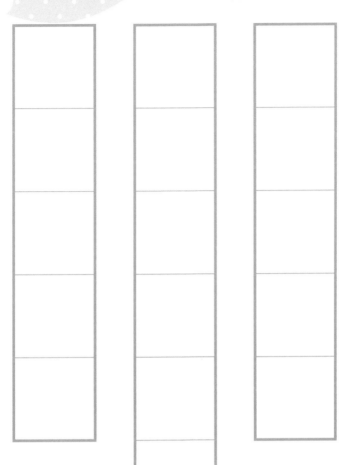

ゲーム

5

展開力《てんかいりょく》 想像力《そうぞうりょく》 発想力《はっそうりょく》

「たて読《よ》み」で秘《ひ》密《みつ》のメッセージ！

SNSではやっている「たて読《よ》み」。作《つく》ってみるとけっこう楽《たの》しいよ！

例《れい》

たて読《よ》みから考《かんが》えるのがコツだよ！

にんじんを買《か》ってたら
じかんがなくなっちゃって
にんじゃみたいに急《いそ》いで走《はし》ったら
こんなに早《はや》く着《つ》いた
うさぎがお腹《なか》をすかせてたから
えいってにんじんを投《な》げてあげたら
ん？って不《ふ》思《し》議《ぎ》そうな顔《かお》してた
でも、おいしそうに食《た》べてたよ

↓

2時《じ》に公《こう》園《えん》で

5文《も》字《じ》！

8文《も》字《じ》！

10文《も》字《じ》！

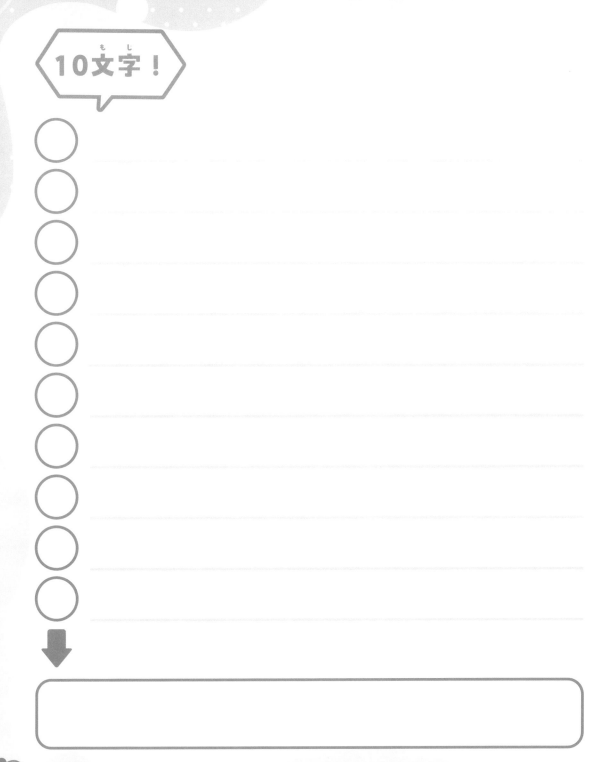

ゲーム

6

表現力《ひょうげんりょく》　論理力《ろんりりょく》　語彙力《ごいりょく》

いろんな接続詞《せつぞくし》に続《つづ》け！

接続詞《せつぞくし》の意味《いみ》にそって、後《あと》に続《つづ》く文《ぶん》を考《かんが》えよう！

例《れい》

昨日《きのう》、ケーキを食《た》べました。
しかし、一《ひと》つだけだったので足《た》りませんでした。

昨日《きのう》、ケーキを食《た》べました。
だから、一日中《いちにちじゅう》気分《きぶん》がよかったです。

昨日《きのう》、ケーキを食《た》べました。
なぜなら、わたしの誕生日《たんじょうび》だったからです。

昨日《きのう》、ケーキを食《た》べました。
ちなみに、それは人気《にんき》のチーズケーキでした。

接続詞《せつぞくし》の意味《いみ》を
よ〜く考《かんが》えよう！

今朝《けさ》、寝坊《ねぼう》しました。

しかし、

。

今朝《けさ》、寝坊《ねぼう》しました。

だから、

。

今朝《けさ》、寝坊《ねぼう》しました。

なぜなら、

。

今朝《けさ》、寝坊《ねぼう》しました。

ちなみに、

。

地《ち》球《きゅう》はまるい。

しかし、

。

地《ち》球《きゅう》はまるい。

だから、

。

地《ち》球《きゅう》はまるい。

なぜなら、

。

地《ち》球《きゅう》はまるい。

ちなみに、

。

学《がっ》級《きゅう》委《い》員《いん》長《ちょう》になりました。

しかし、

。

学《がっ》級《きゅう》委《い》員《いん》長《ちょう》になりました。

だから、

。

学《がっ》級《きゅう》委《い》員《いん》長《ちょう》になりました。

なぜなら、

。

学《がっ》級《きゅう》委《い》員《いん》長《ちょう》になりました。

ちなみに、

。

ゲーム 7

展開力《てんかいりょく》　論理力《ろんりりょく》　発想力《はっそうりょく》

「風《かぜ》が吹《ふ》けば桶《おけ》屋《や》がもうかる」！

「～すれば、……する」の「……」を書《か》き込《こ》んでいこう！　スタートとゴールはぜんぜんちがう内容《ないよう》になったほうがおもしろい！

例《れい》

むずかしく考《かんが》えずに、思《おも》いついたことをどんどん書《か》いていこう！

スタート

1. 風《かぜ》が吹《ふ》けば、髪形《かみがた》がみだれる。
2. 髪形《かみがた》がみだれれば、おちこむ。
3. おちこめば、下《した》を向《む》く。
4. 下《した》を向《む》けば、10円玉《えんだま》をひろう。
5. ひろった10円玉《えんだま》を届《とど》ければ、ほめられる。
6. ほめられれば、うれしくなってとびはねる。
7. とびはねれば、ねんざする。
8. ねんざすれば、痛《いた》い。
9. 痛《いた》ければ、じっとしている。
10. じっとしていれば、眠《ねむ》くなる。

ゴール　風《かぜ》が吹《ふ》けば、眠《ねむ》くなる！

スタート

1 風《かぜ》が吹《ふ》けば、

2

3

4

5

6

7

8

9

10

ゴール 風《かぜ》が吹《ふ》けば、

スタート

1 お腹《なか》が空《す》けば、

2

3

4

5

6

7

8

9

10

ゴール お腹《なか》が空《す》けば、

スタート

1 春《はる》になれば、

2

3

4

5

6

7

8

9

10

ゴール 春《はる》になれば、

ちょっと休憩《きゅうけい》

4コママンガの「オチ」を作《つく》ろう！①

第《だい》2章《しょう》

いろんな視《し》点《てん》で見《み》てみよう

ゲーム
8

説明力《せつめいりょく》　観察力《かんさつりょく》

どんな絵画《かいが》？

ここで紹介《しょうかい》するのは有名《ゆうめい》な絵画《かいが》。見《み》たことのない人《ひと》に、どんな絵画《かいが》か説《せつ》明《めい》してみよう！

例《れい》

風景《ふうけい》は どんな感《かん》じ？

どこに立《た》ってる？

ほかにどんな人《ひと》がいる？

どんな人《ひと》？ どんな表情《ひょうじょう》をしてる？

「叫《さけ》び」ムンク

うねった線《せん》がこわさを表現《ひょうげん》している。橋《はし》の上《うえ》で、黒《くろ》い服《ふく》を着《き》た人《ひと》がびっくりした顔《かお》で耳《みみ》をふさいでいる。橋《はし》の下《した》を流《なが》れる川《かわ》の水《みず》は濃《こ》い青《あお》で、空《そら》は夕焼《ゆうや》けが広《ひろ》がっている。橋《はし》の向《む》こうから二人《ふたり》の人《ひと》が歩《ある》いてくる。

「ラス・メニーナス」ベラスケス

「星《ほし》月《づき》夜《よ》」ゴッホ

「ゴルコンダ」ルネ・マグリット

「鳥獣《ちょうじゅう》人《じん》物《ぶつ》戯《ぎ》画《が》」作《さく》者《しゃ》未《み》詳《しょう》

「東海道《とうかいどう》五拾三次《ごじゅうさんつぎ》　日本橋《にほんばし》 朝之景《あさのけい》」歌川広重《うたがわひろしげ》

ゲーム 9

語彙力《ごいりょく》 創作力《そうさくりょく》 想像力《そうぞうりょく》

発《はつ》明《めい》家《か》になろう！

もともとあるものを「何《なに》か」と組《く》み合《あ》わせることで、発《はつ》明《めい》家《か》になろう！
そして、その取扱説明書《とりあつかいせつめいしょ》を考《かんが》えてみよう！

例《れい》

どんな機能《きのう》がついたら楽《たの》しいかなー？

車《くるま》 ＋ 犬《いぬ》

絵《え》も描《か》いてみよう！

取扱説明書《とりあつかいせつめいしょ》

商品名《しょうひんめい》	ワンカー
特徴《とくちょう》	しっぽをふりながら走《はし》る
燃料《ねんりょう》	鶏《とり》のささみ、バナナ
運転上《うんてんじょう》の注意《ちゅうい》	本物《ほんもの》の犬《いぬ》に会《あ》うと逆走《ぎゃくそう》する
平均速度《へいきんそくど》	散歩《さんぽ》で歩《ある》くくらいの速《はや》さ

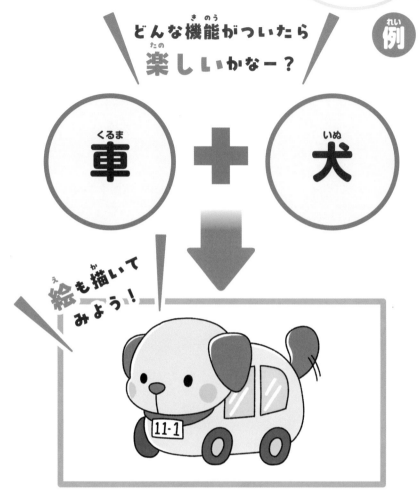

靴《くつ》

取扱説明書《とりあつかいせつめいしょ》

商品名《しょうひんめい》

デザインの特徴《とくちょう》

色《いろ》のバリエーション

履《は》く時《とき》の注意《ちゅうい》

価格《かかく》 円《えん》

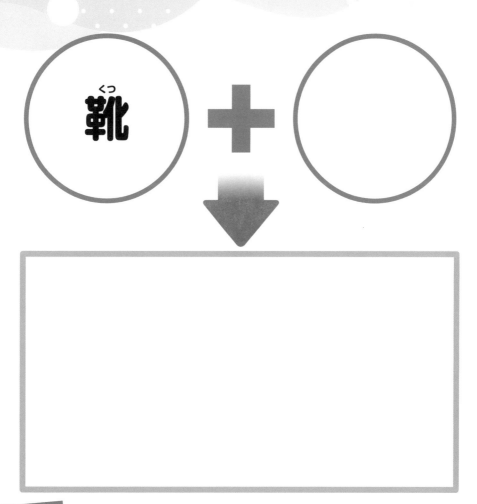

イス ＋

取扱説明書《とりあつかいせつめいしょ》

商《しょう》品《ひん》名《めい》

形《かたち》・デザイン

特《とく》徴《ちょう》

主《おも》にすわる人《ひと》

注《ちゅう》意《い》点《てん》

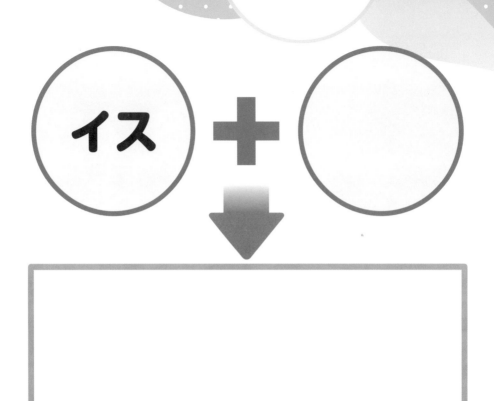

メガネ ＋

取扱説明書《とりあつかいせつめいしょ》

商《しょう》品《ひん》名《めい》

特《とく》徴《ちょう》

身《み》につける場《ば》面《めん》

よく見《み》えるもの

注《ちゅう》意《い》点《てん》

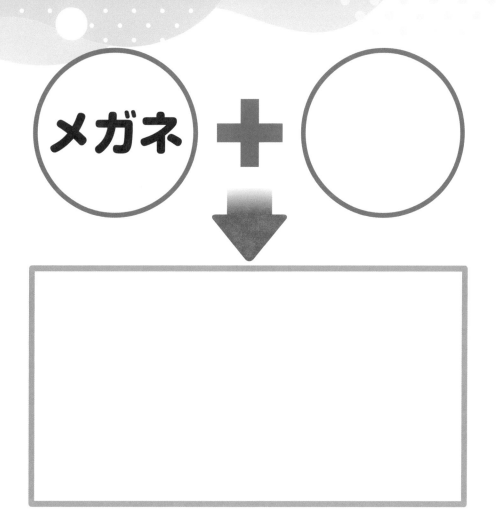

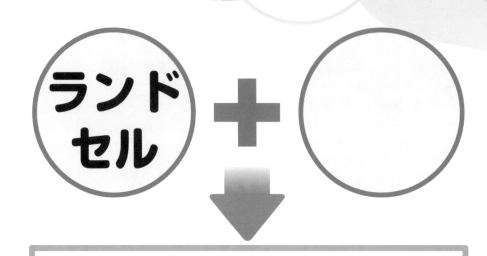

ランドセル

取扱説明書《とりあつかいせつめいしょ》

商《しょう》品《ひん》名《めい》

特徴《とくちょう》

形《かたち》・デザイン

注《ちゅう》意《い》点《てん》

価《か》格《かく》　円《えん》

かさ ＋

取《とり》扱《あつかい》説《せつ》明《めい》書《しょ》

商《しょう》品《ひん》名《めい》

特《とく》徴《ちょう》

形《かたち》・デザイン

注《ちゅう》意《い》点《てん》

価《か》格《かく》　　円《えん》

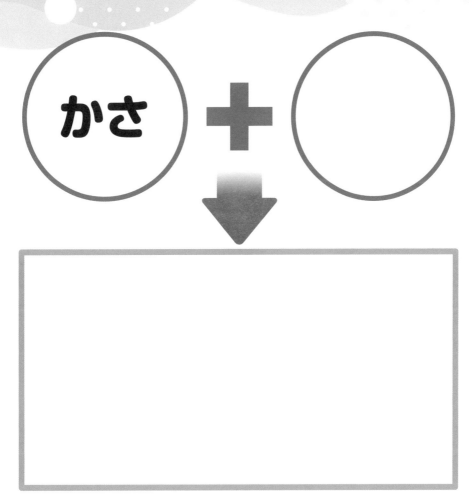

ゲーム
10

説明力《せつめいりょく》 創作力《そうさくりょく》 発想力《はっそうりょく》

ザ・スペシャルメニュー

キミだけのスペシャルメニューを考《かんが》えてみよう。誰《だれ》のために、どんな工夫《くふう》をしたかなどを書《か》こう！

例《れい》

キャッチコピーも考《かんが》えよう！

インド人《じん》もびっくり！
スペシャルスイカカレー

出来上《できあ》がりを想像《そうぞう》して絵《え》を描《か》いてみよう！

これは、弟《おとうと》のために考《かんが》えたメニューです。
弟《おとうと》はカレーが大好《だいす》きなのですが、野菜《やさい》がきらいでいつも残《のこ》してしまいます。
そして、弟《おとうと》の一番好《いちばんす》きな食《た》べ物《もの》はスイカです。
だから、カレーの具《ぐ》を肉《にく》とスイカにしてみました。
カレーは全体的《ぜんたいてき》に茶色《ちゃいろ》だから、スイカの赤《あか》と緑《みどり》が入《はい》ると、意外《いがい》と見《み》た目《め》もいいかなと思《おも》います！

キャッチコピー

!

スペシャル　　ラーメン

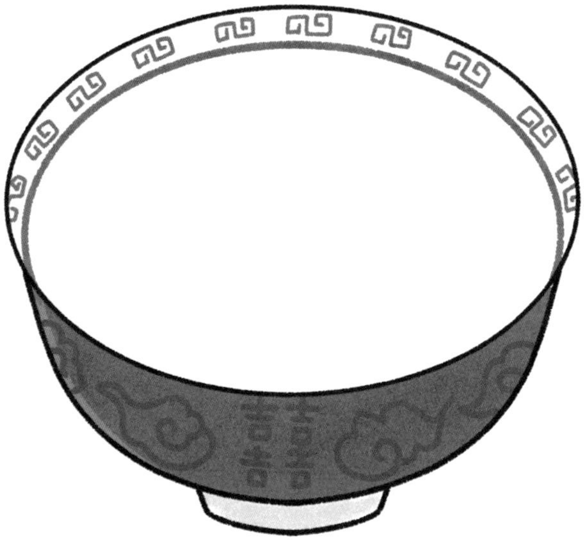

キャッチコピー

!

スペシャル　　パフェ

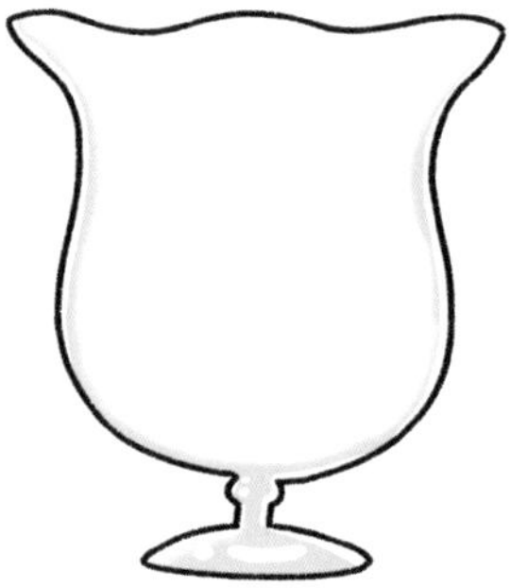

キャッチコピー

!

スペシャル 鍋《なべ》

ゲーム 11

説明力《せつめいりょく》　表現力《ひょうげんりょく》　論理力《ろんりりょく》

知《し》らない人《ひと》に教《おし》えてあげよう！

その人《ひと》にわかるように、どんなものかを説明《せつめい》してあげよう！　もし、キミもわからないことがあったら、大人《おとな》に聞《き》いてみよう。

例《れい》

清少納言《せいしょうなごん》にモンブランケーキを教《おし》えてあげよう！

「これは」に続《つづ》く説明《せつめい》を考《かんが》えよう

清少納言《せいしょうなごん》さんの時代《じだい》にはなかったと思《おも》いますが……、これは「モンブランケーキ」といって、栗《くり》でつくったお菓子《かし》です。

カップケーキの上《うえ》に生《なま》クリームをのせて、そのまわりを栗《くり》のクリームでぐるっとおおっていくんですよ。

てっぺんには栗《くり》を甘《あま》く煮《に》たものをのせています。

ヨーロッパの山《やま》の「モンブラン」に形《かたち》が似《に》ているから、この名前《なまえ》になったと言《い》われています。

宇宙人《うちゅうじん》に スマートフォンを 教《おし》えてあげよう！

宇宙人《うちゅうじん》さんも、かなり最先端《さいせんたん》なものを知《し》っていると思《おも》いますが……、これは

カピバラに
ハロウィンを
教《おし》えてあげよう！

カピバラさんは、季節《きせつ》の行事《ぎょうじ》にはあまり縁《えん》がないかもしれま

せんが……、これは

桃太郎《ももたろう》に「かぐや姫《ひめ》」の話《はなし》を教《おし》えてあげよう！

桃太郎《ももたろう》さんも、昔話《むかしばなし》の中《なか》ではかなり有名《ゆうめい》な方《かた》ですが……、これは

サンタクロースに
お正《しょう》月《がつ》の行《ぎょう》事《じ》を
教《おし》えてあげよう！

サンタクロースさんはクリスマスの主《しゅ》役《やく》かもしれませんが

……、これは

徳《とく》川《がわ》家《いえ》康《やす》に選《せん》挙《きょ》のことを教《おし》えてあげよう！

家《いえ》康《やす》さんは自《じ》分《ぶん》で「将《しょう》軍《ぐん》だ！」と決《き》めたのだと思《おも》いますが

……、これは

ゲーム

12

展開力《てんかいりょく》 構成力《こうせいりょく》 論理力《ろんりりょく》

ひとりディベート！

ひとりで、両方《りょうほう》の立場《たちば》に立《た》って意見《いけん》を書《か》いてみよう。どっちの意見《いけん》に説《せっ》得《とく》力《りょく》があるかな？

夏《なつ》休《やす》みに遊《あそ》びに行《い》くなら…　例《れい》

理由《りゆう》もちゃんと考《かんが》えようね！

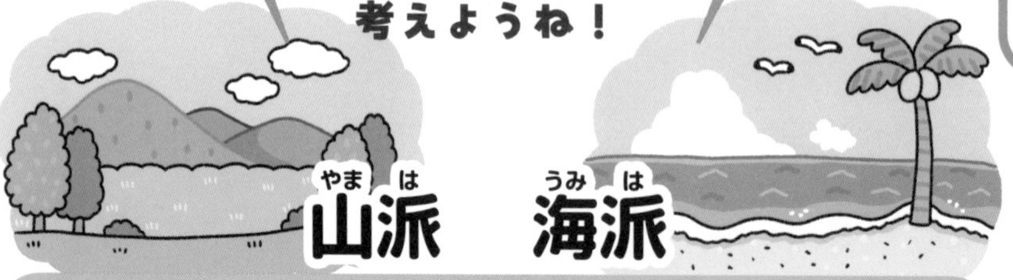

山派《やまは》　海派《うみは》

山《やま》の長所《ちょうしょ》	海《うみ》の長所《ちょうしょ》
木陰《こかげ》なら涼《すず》しくて日焼《ひや》けしない	マリンスポーツができる
なぜ、それがいいか？	なぜ、それがいいか？
日焼《ひや》けして痛《いた》い思《おも》いをしなくていいから	海《うみ》で泳《およ》いだりマリンスポーツができるのは夏《なつ》だけだから

山《やま》の短所《たんしょ》	海《うみ》の短所《たんしょ》
虫《むし》が多《おお》い	海水《かいすい》でべたべたする
なぜ、それがダメか？	なぜ、それがダメか？
虫《むし》が苦手《にがて》だから	気持《きも》ち悪《わる》いから

結論《けつろん》：夏《なつ》休《やす》みに行《い》くのは海《うみ》！

家《いえ》で飼《か》うなら…

イヌ派《は》　ネコ派《は》

イヌの長所《ちょうしょ》	**ネコの長所《ちょうしょ》**
なぜ、それがいいか？	**なぜ、それがいいか？**

イヌの短所《たんしょ》	**ネコの短所《たんしょ》**
なぜ、それがダメか？	**なぜ、それがダメか？**

結論《けつろん》：

朝《あさ》、食《た》べるなら…

ご飯《はん》派《は》　パン派《は》

ご飯《はん》の長所《ちょうしょ》	パンの長所《ちょうしょ》
なぜ、それがいいか？	なぜ、それがいいか？

ご飯《はん》の短所《たんしょ》	パンの短所《たんしょ》
なぜ、それがダメか？	なぜ、それがダメか？

結《けつ》論《ろん》：

タイムマシンで行《い》けるなら…

未来《みらい》派《は》　過去《かこ》派《は》

未来《みらい》に行《い》くことのプラス点《てん》

なぜ、それがいいか？

過去《かこ》に行《い》くことのプラス点《てん》

なぜ、それがいいか？

未来《みらい》に行《い》くことのマイナス点《てん》

なぜ、それがダメか？

過去《かこ》に行《い》くことのマイナス点《てん》

なぜ、それがダメか？

結論《けつろん》：

ゲーム

13

語彙力《ごいりょく》　想像力《そうぞうりょく》　観察力《かんさつりょく》

○○は△△である！

「○○は△△である」を10コ挙《あ》げてみよう！　観察《かんさつ》する力《ちから》がきたえられるよ。

例《れい》

自分《じぶん》について、よ〜く考《かんが》えてみよう！

1. わたしは、小学生《しょうがくせい》である。
2. わたしは、とび箱《ばこ》が得意《とくい》である。
3. わたしは、ピーマンがきらいである。
4. わたしは、将来《しょうらい》はマンガ家《か》になりたいのである。
5. わたしは、冬《ふゆ》より夏《なつ》が好《す》きである。
6. わたしは、スマホがほしいのである。
7. わたしは、しょっちゅう転《ころ》ぶのである。
8. わたしは、ラーメンが好《す》きである。
9. わたしは、人間《にんげん》だが犬《いぬ》になってみたいのである。
10. わたしは、明《あか》るい性格《せいかく》である。

① わたしは、　　　　　である。

② わたしは、　　　　　である。

③ わたしは、　　　　　である。

④ わたしは、　　　　　である。

⑤ わたしは、　　　　　である。

⑥ わたしは、　　　　　である。

⑦ わたしは、　　　　　である。

⑧ わたしは、　　　　　である。

⑨ わたしは、　　　　　である。

⑩ わたしは、　　　　　である。

家《いえ》は、建《たて》物《もの》の「家《いえ》」でも
家《か》族《ぞく》のことでもOK!

1. わたしの家《いえ》は、

である。

2. わたしの家《いえ》は、

である。

3. わたしの家《いえ》は、

である。

4. わたしの家《いえ》は、

である。

5. わたしの家《いえ》は、

である。

6. わたしの家《いえ》は、

である。

7. わたしの家《いえ》は、

である。

8. わたしの家《いえ》は、

である。

9. わたしの家《いえ》は、

である。

10. わたしの家《いえ》は、

である。

友《とも》だちや学校《がっこう》の先生《せんせい》などの名前《なまえ》を入《い》れてね！

は、

1 である。

2 である。

3 である。

4 である。

5 である。

6 である。

7 である。

8 である。

9 である。

10 である。

ちょっと休憩《きゅうけい》

4コママンガの「オチ」を作《つく》ろう！②

第《だい》3章《しょう》

長《なが》い文《ぶん》を書《か》く達《たつ》人《じん》になろう

ゲーム

14

発想力《はっそうりょく》　構成力《こうせいりょく》

あいうえお作《さく》文《ぶん》!

テーマに沿《そ》って、「あ〜お」「か〜こ」「さ〜そ」ではじまる文《ぶん》を考《かんが》えよう!

例《れい》

テーマ　夏《なつ》休《やす》みの思《おも》い出《で》

あ　あと3日《か》しかない夏《なつ》休《やす》み

い　いろんなことがあったけど

う　海《うみ》が一《いち》番《ばん》楽《たの》しかった

え　えぐいほどピンチなのは……

お　終《お》わっていない宿《しゅく》題《だい》だ

最《さい》後《ご》の文《ぶん》から考《かんが》えると、うまくいくよ!

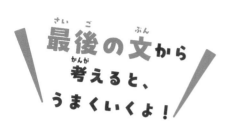

テーマ

クラスがえ

あ

い

う

え

お

テーマ

お金《かね》

か

き

く

け

こ

テーマ

卒《そつ》業《ぎょう》

さ

し

す

せ

そ

ゲーム 15

説明力《せつめいりょく》 訴求力《そきゅうりょく》 観察力《かんさつりょく》

推《お》し日記《にっき》を書《か》こう！

すごく好《す》きで応援《おうえん》したいのが「推《お》し」。「推《お》し」なら何《なん》でもOK！ 推《お》しについての日記《にっき》を一週間《いっしゅうかん》書《か》いてみよう。 推《お》しは毎日《まいにち》変《か》わっていいんだよ。

例《れい》

「推《お》し」のいいところは毎日《まいにち》発見《はっけん》できる！

4月《がつ》12日《にち》（月《げつ》） 天気《てんき》

ジャンル：動物《どうぶつ》・ペット

今日《きょう》の推《お》し となりのポチ

　となりの家《いえ》のポチは、子犬《こいぬ》の時《とき》から知《し》っているので、とてもよくなついています。

　今日《きょう》は「ポチを散歩《さんぽ》につれていってもらえる？」とたのまれたので、よろこんで散歩《さんぽ》に行《い》きました。

　公園《こうえん》までは歩《ある》いて10分《ぷん》くらいですが、ポチとは走《はし》っていくので5分《ふん》でつきます。

　ポチは公園《こうえん》につくと、地面《じめん》のにおいをかぎながらぐるぐる歩《ある》きます。そして、たまに顔《かお》をあげて空《そら》を見《み》ます。その時《とき》に目《め》があうと、すごくうれしくなります。ポチもなんだかわらっているように見《み》えます。

　帰《かえ》り道《みち》、「また散歩《さんぽ》に行《い》こうね」と言《い》ったら「ワン！」と言《い》いました。ポチも楽《たの》しみにしてくれているのかなと思《おも》いました。

月《がつ》　日《にち》（月《げつ》）天気《てんき》

ジャンル：本《ほん》・絵本《えほん》

今日《きょう》の推《お》し

月《がつ》　日《にち》（火《か》）天気《てんき》

ジャンル：食《た》べ物《もの》

今日《きょう》の推《お》し

月《がつ》　日《にち》（水《すい》）　天気《てんき》

ジャンル：アニメ・動画《どうが》

今日《きょう》の推《お》し

月《がつ》　日《にち》（木《もく》）天気《てんき》

ジャンル：動物《どうぶつ》・ペット

今日《きょう》の推《お》し

月《がつ》　日《にち》（金《きん》）　天気《てんき》

ジャンル：歌《うた》

今日《きょう》の推《お》し

月《がつ》　日《にち》（土《ど》）　天気《てんき》

ジャンル：自《じ》分《ぶん》が持《も》っている物《もの》

今日《きょう》の推《お》し

月《がつ》　日《にち》（日《にち》）天気《てんき》

ジャンル：有《ゆう》名《めい》人《じん》

今日《きょう》の推《お》し

ゲーム

16

面白力《おもしろりょく》　創作力《そうさくりょく》　想像力《そうぞうりょく》

真《ま》っ赤《か》なウソ作文《さくぶん》！

ひとつも本当《ほんとう》のことを書《か》いてはいけない作文《さくぶん》！　どれだけ想像力《そうぞうりょく》をはたらかせられるかな!?

例《れい》

テーマ

「この一年《いちねん》で、一番《いちばん》思《おも》い出《で》に残《のこ》ったこと」

今年《ことし》はこれまでとはまったくちがう一年《いちねん》になりました。なぜかといえば、アイドルデビューしたからです。デビュー曲《きょく》は大《だい》ヒットし、映画《えいが》にも出演《しゅつえん》しました。わたしのYou《ユー》Tube《チューブ》を世界中《せかいじゅう》の人《ひと》が見《み》てくれたようで、アメリカでも有名《ゆうめい》になり、来年《らいねん》は全米《ぜんべい》デビューのために一年間《いちねんかん》学校《がっこう》を休《やす》むことになりそうです。

全部《ぜんぶ》がウソって、意外《いがい》とむずかしい……!?

テーマ

「この一《いち》年《ねん》で、一《いち》番《ばん》思《おも》い出《で》に残《のこ》ったこと」

テーマ

「最《さい》近《きん》びっくりしたこと」

テーマ

「毎《まい》日《にち》欠《か》かさずしていること」

テーマ

「近《きん》所《じょ》にできた新《あたら》しいお店《みせ》」

テーマ

「おもしろかった動《どう》画《が》・映《えい》画《が》・テレビ番《ばん》組《ぐみ》」

ゲーム

17

面白力《おもしろりょく》　表現力《ひょうげんりょく》　会話力《かいわりょく》

ひたすら会話文《かいわぶん》！

会話《かいわ》をメインに文章《ぶんしょう》を書《か》いてみよう！　語尾《ごび》や間《ま》をリアルに書《か》けたら、楽《たの》しい文章《ぶんしょう》になるよ。

イキイキとした言葉《ことば》で！

例《れい》

テーマ　今朝《けさ》、学校《がっこう》に行《い》く時《とき》

わたし「おはよう！」
ともちゃん「あ、おはよう。今日《きょう》の体育《たいいく》ってプールだよね？」
わたし「えっ!?　そうだっけ？　ヤバい、水着《みずぎ》忘《わす》れた！」
かんちゃん「おはよう」
わたし「ね、水着《みずぎ》って持《も》ってきた？」
かんちゃん「うん、持《も》ってきたよ。昨日《きのう》、帰《かえ》りの会《かい》で言《い》われたから」
わたし「ヤッバーーーーーーっ！　ぜんっぜん聞《き》いてなかった」
ともちゃん「聞《き》いてないのはいつもじゃん（笑《わらい》）」
わたし「もうっ！　なんで昨日《きのう》の帰《かえ》りに言《い》ってくれなかったの！」
かんちゃん「だって、ねぇ……」
わたし「ううっ……」
二人《ふたり》「先《さき》に行《い》ってるよー！」
情《なさ》けない思《おも》いを引《ひ》きずりながら、ダッシュで家《いえ》に戻《もど》りました。

最後《さいご》は、地《じ》の文《ぶん》でしめる！

テーマ

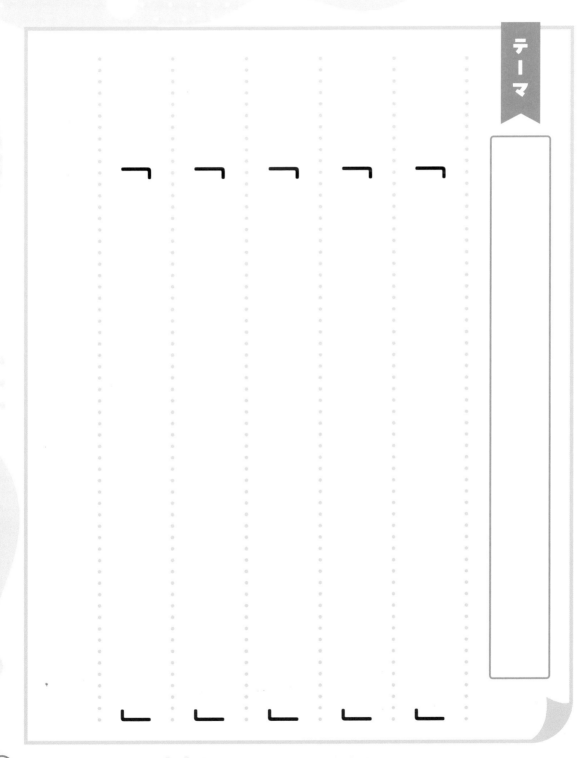

テーマ

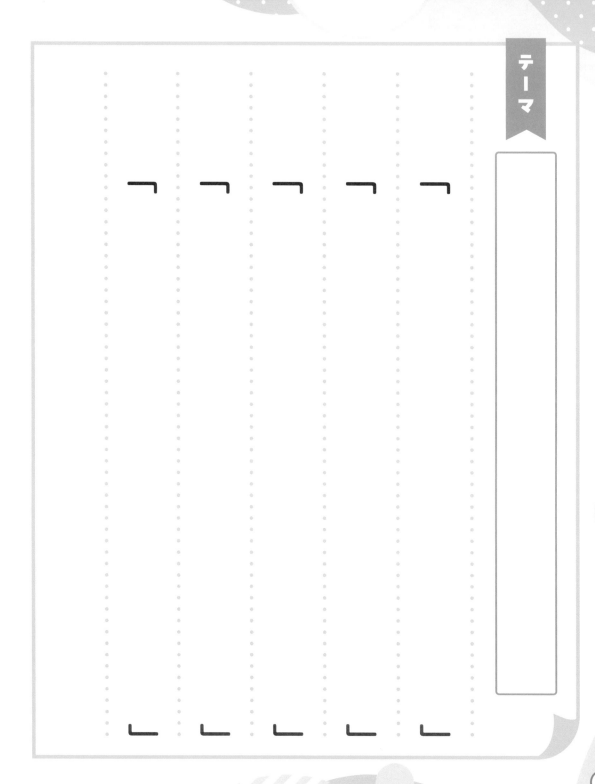

テーマ

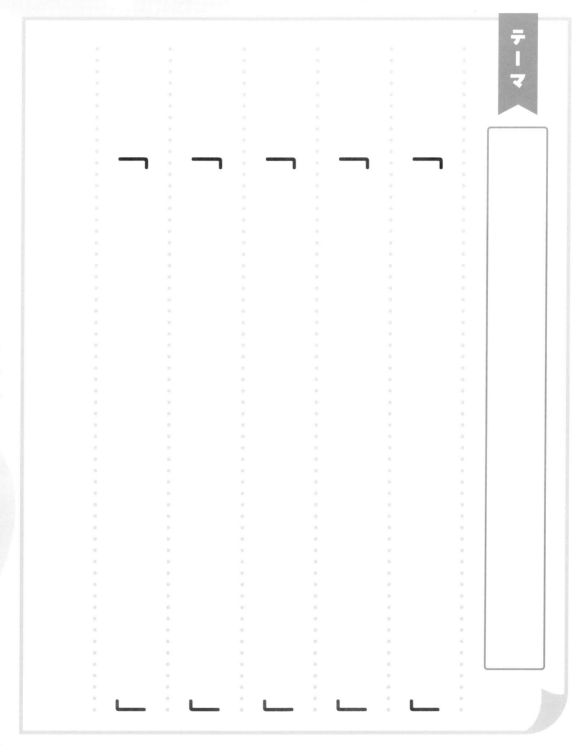

テーマ

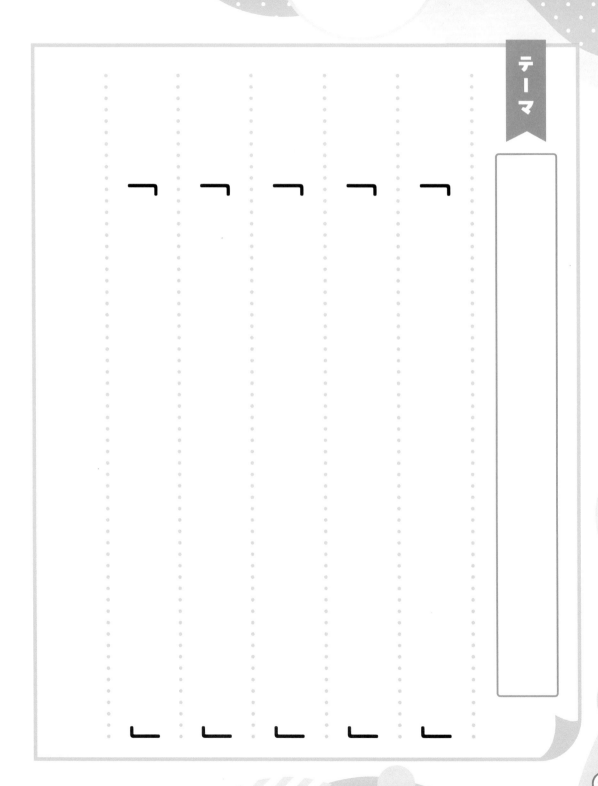

テーマ

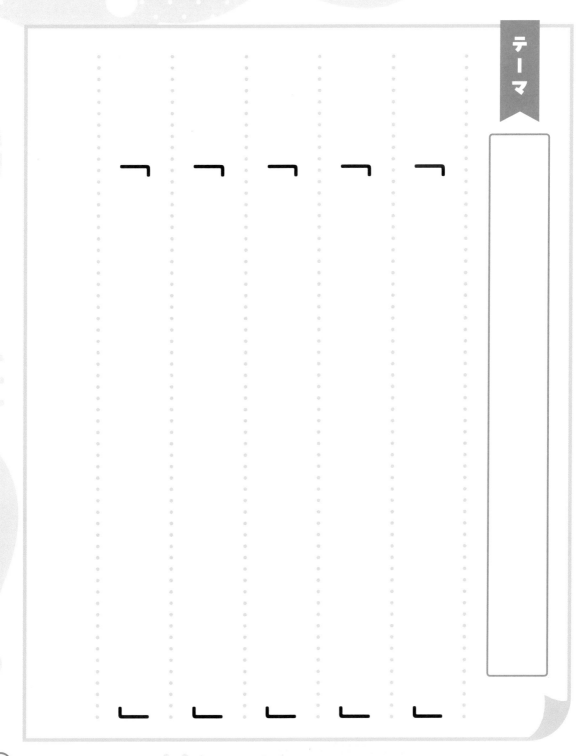

ゲーム

18

発想力《はっそうりょく》 想像力《そうぞうりょく》 要約力《ようやくりょく》

〝作《さく》文《ぶん》メモ〟を作《つく》ろう！

作文《さくぶん》が苦手《にがて》な人《ひと》の多《おお》くは、書《か》く〝ネタ〟がないことで悩《なや》んでいる。ネタ探《さが》しのための〝作文《さくぶん》メモ〟を用意《ようい》しておこう！

例《れい》

実現《じつげん》できるかどうかは考《かんが》えなくていいよ！

テーマ：「将来《しょうらい》の夢《ゆめ》」の作文《さくぶん》メモ

得意《とくい》なこと

・人《ひと》の顔《かお》を覚《おぼ》えること
・友《とも》だちを増《ふ》やすこと

ずっとやっていても飽《あ》きないこと

・ゲーム
・寝《ね》ること
・友《とも》だちと遊《あそ》ぶこと

自分《じぶん》に向《む》いていると思《おも》うこと

・だれかと一緒《いっしょ》に何《なに》かをすること

自分《じぶん》に向《む》いていないと思《おも》うこと

・ずっと机《つくえ》の前《まえ》で作業《さぎょう》をすること

お金《かね》がかせげそうなこと

・ゲームにかかわる仕事《しごと》

大人《おとな》になってやってみたいこと

・ゲームクリエイター
・タレント

人《ひと》にどう思《おも》われるかは、考《かんが》えずに書《か》いていいよ！

テーマ：「将来《しょうらい》の夢《ゆめ》」の作文《さくぶん》メモ

得意《とくい》なこと

ずっとやっていても飽《あ》きないこと

自分《じぶん》に向《む》いていると思《おも》うこと

自分《じぶん》に向《む》いていないと思《おも》うこと

お金《かね》がかせげそうなこと

大人《おとな》になってやってみたいこと

テーマ：「小学校生活《しょうがっこうせいかつ》でがんばったこと」の作文《さくぶん》メモ

遊《あそ》びでがんばったこと

勉強《べんきょう》でがんばったこと

習《なら》い事《ごと》などで
がんばったこと

友《とも》だちと一緒《いっしょ》に
がんばったこと

学校以外《がっこういがい》で
がんばったこと

趣味《しゅみ》でがんばったこと

テーマ：「自《じ》己《こ》PR」の作《さく》文《ぶん》メモ

自《じ》分《ぶん》のいいところ

克《こく》服《ふく》した弱《じゃく》点《てん》

人《ひと》からほめられるポイント

すごく詳《くわ》しいこと・好《す》きなこと

得《とく》意《い》なこと

長《なが》く続《つづ》けていること

ゲーム 19

語彙力《ごいりょく》　構成力《こうせいりょく》　要約力《ようやくりょく》

〝読《どく》書《しょ》感《かん》想《そう》文《ぶん》メモ〟を作《つく》ろう！

いきなり読《どく》書《しょ》感《かん》想《そう》文《ぶん》を書《か》くのはたいへんだから、本《ほん》を読《よ》んだ時《とき》に〝メモ〟しておくと書《か》きやすいよ。

おもしろいと思《おも》ったところを書《か》き出《だ》していくよ

メモができたら書《か》けたも同《どう》然《ぜん》！

例《れい》

夏《なつ》目《め》漱《そう》石《せき》『坊《ぼ》っちゃん』の読《どく》書《しょ》感《かん》想《そう》文《ぶん》メモ

好《す》きなシーン①
→その理由《りゆう》

坊《ぼ》っちゃんの布団《ふとん》にバッタが入《い》れられていて怒《おこ》るシーン
→ドタバタで活気《かっき》があるから

好《す》きなシーン②
→その理由《りゆう》

坊《ぼ》っちゃんが野《の》だに生卵《なまたまご》を投《な》げつけるシーン
→ひきょうな相手《あいて》をやっつけてスカッとするから

好《す》きなセリフ①
→その理由《りゆう》

「ハイカラ野郎《やろう》の、ペテン師《し》の、イカサマ師《し》の……」
→次《つぎ》から次《つぎ》へと出《で》てくる悪口《わるくち》がおもしろいから

好《す》きなセリフ②
→その理由《りゆう》

「おれは逃《に》げも隠《かく》れもせん」
→山嵐《やまあらし》が正々堂々《せいせいどうどう》と言《い》うところがカッコいいから

共感《きょうかん》ポイント
→その理由《りゆう》

「義理《ぎり》」を大事《だいじ》にする坊《ぼ》っちゃん
→めちゃくちゃなことをしても、しっかり筋《すじ》を通《とお》すところがいいから

共感《きょうかん》できないポイント
→その理由《りゆう》

学校《がっこう》の二階《にかい》から飛《と》び降《お》りること
→もうちょっと冷静《れいせい》になった方《ほう》がいいと思《おも》うから

の読《どく》書《しょ》感《かん》想《そう》文《ぶん》メモ

好《す》きなシーン①
→その理《り》由《ゆう》

好《す》きなシーン②
→その理《り》由《ゆう》

好《す》きなセリフ①
→その理《り》由《ゆう》

好《す》きなセリフ②
→その理《り》由《ゆう》

共《きょう》感《かん》ポイント
→その理《り》由《ゆう》

共《きょう》感《かん》できないポイント
→その理《り》由《ゆう》

の読《どく》書《しょ》感《かん》想《そう》文《ぶん》メモ

好《す》きなシーン①

→その理《り》由《ゆう》

好《す》きなシーン②

→その理《り》由《ゆう》

好《す》きなセリフ①

→その理《り》由《ゆう》

好《す》きなセリフ②

→その理《り》由《ゆう》

共《きょう》感《かん》ポイント

→その理《り》由《ゆう》

共《きょう》感《かん》できないポイント

→その理《り》由《ゆう》

の読《どく》書《しょ》感《かん》想《そう》文《ぶん》メモ

好《す》きなシーン①

→その理《り》由《ゆう》

好《す》きなシーン②

→その理《り》由《ゆう》

好《す》きなセリフ①

→その理《り》由《ゆう》

好《す》きなセリフ②

→その理《り》由《ゆう》

共《きょう》感《かん》ポイント

→その理《り》由《ゆう》

共《きょう》感《かん》できないポイント

→その理《り》由《ゆう》

の読《どく》書《しょ》感《かん》想《そう》文《ぶん》メモ

好《す》きなシーン①

→その理《り》由《ゆう》

好《す》きなシーン②

→その理《り》由《ゆう》

好《す》きなセリフ①

→その理《り》由《ゆう》

好《す》きなセリフ②

→その理《り》由《ゆう》

共《きょう》感《かん》ポイント

→その理《り》由《ゆう》

共《きょう》感《かん》できないポイント

→その理《り》由《ゆう》

の読《どく》書《しょ》感《かん》想《そう》文《ぶん》メモ

好《す》きなシーン①

→その理《り》由《ゆう》

好《す》きなシーン②

→その理《り》由《ゆう》

好《す》きなセリフ①

→その理《り》由《ゆう》

好《す》きなセリフ②

→その理《り》由《ゆう》

共《きょう》感《かん》ポイント

→その理《り》由《ゆう》

共《きょう》感《かん》できないポイント

→その理《り》由《ゆう》

ゲーム

20

語彙力《ごいりょく》　構成力《こうせいりょく》　創作力《そうさくりょく》

三題噺《さんだいばなし》にチャレンジ！

三《みっ》つの言葉《ことば》を使《つか》って、200字《じ》の物語《ものがたり》を書《か》いてみよう！　うまくストーリーにもりこめるかな？

例《れい》

お題《だい》

「野球《やきゅう》」「ランドセル」「寿司《すし》」

　その日《ひ》、太郎《たろう》は学校《がっこう》から帰《かえ》ると友《とも》だちと野《や》球《きゅう》をするといって家《いえ》を出《で》ました。母親《ははおや》は、夕《ゆう》飯《はん》までには帰《かえ》ってくるだろうと手巻《てま》き寿司《ずし》を用意《ようい》していましたが、帰《かえ》ってきません。心配《しんぱい》になって外《そと》に出《で》ると、暗《くら》くなっていました。

「いつも遊《あそ》んでいる公園《こうえん》に行《い》ってみよう」

　すると、向《む》こうから太郎《たろう》がランドセルを背《せ》負《お》った子《こ》と歩《ある》いてきたので「その子《こ》は？」と聞《き》くと、太郎《たろう》は不思議《ふしぎ》そうな顔《かお》で、「えっ？　ぼくひとりだよ」と言《い》いました。

自由《じゆう》な発想《はっそう》で物語《ものがたり》を作《つく》ってみよう！

お題《だい》

「宇《う》宙《ちゅう》」「コンビニ」「逆《ぎゃく》転《てん》」

おわりに

全部《ぜんぶ》で20の課題《かだい》、できたかな？　中《なか》にはむずかしいものもあったかもしれないけど、このページまでたどりついたなら……、ゴールおめでとう!!

この本《ほん》を作《つく》ったのは、じつは……ぼく自身《じしん》が小学生《しょうがくせい》の時《とき》に文章《ぶんしょう》を書《か》くのが苦手《にがて》だったからなんだ。

それなのに、ある日《ひ》学校《がっこう》で絵日記《えにっき》の宿題《しゅくだい》が出《で》たんだよね。絵《え》を描《か》くのは楽《たの》しいのに、文章《ぶんしょう》を書《か》くのはツラい。でも、宿題《しゅくだい》だからやらなくちゃいけない。

「書《か》くことないなぁ」と思《おも》いながらも、「今日《きょう》は○○をしました」と書《か》く。すると、翌日《よくじつ》学校《がっこう》で先生《せんせい》がマルをつけてくれた。家《いえ》に帰《かえ》って、また絵日記《えにっき》を書《か》く。そして翌日《よくじつ》マルをもらう。

それを繰《く》り返《かえ》しているうちに、文章《ぶんしょう》を書《か》くのがツラくなくなったんだ！　毎日《まいにち》書《か》くことを続《つづ》けていたら、〝書《か》く筋肉《きんにく》〟みたいなものがついたんだね。

苦手《にがて》なことも、思《おも》い切《き》ってやってみて、なんとか続《つづ》けていると、いつの間《ま》にかできるようになる——そう気《き》づいた。

だから、書《か》くのが苦手《にがて》なキミのために、毎日《まいにち》楽《たの》しく続《つづ》けられる『文章力《ぶんしょうりょく》』ゲームの本《ほん》を作《つく》ったんだよ。

文章《ぶんしょう》が書《か》けると、多《おお》くの人《ひと》とコミュニケーションできるよね。今《いま》は翻訳《ほんやく》アプリもあるから、他《ほか》の国《くに》の人《ひと》たちにも読《よ》んでもらうことができる。文章《ぶんしょう》を通《とお》して世界中《せかいじゅう》の人《ひと》とつながれる時代《じだい》。文章力《ぶんしょうりょく》を身《み》につけると、キミの可能性《かのうせい》も無限大《むげんだい》になるんだ。

これからは、キミの考《かんが》えや意見《いけん》を言葉《ことば》にして伝《つた》えることが大事《だいじ》になってくる。その時《とき》に、文章《ぶんしょう》を書《か》く力《ちから》はとても重要《じゅうよう》だよ。

この『文章力《ぶんしょうりょく》』ゲームは、そのための第一歩《だいいっぽ》になると信《しん》じているよ。

2024年《ねん》1月《がつ》　齋藤孝《さいとうたかし》

【著者紹介】
齋藤孝（さいとう・たかし）
1960年静岡県生まれ。明治大学文学部教授。専門は教育学、身体論、コミュニケーション技法。著書に『だれでも書ける最高の読書感想文』（角川文庫）、『三色ボールペン情報活用術』（角川新書）、『声に出して読みたい日本語』（草思社）、『雑談力が上がる話し方』（ダイヤモンド社）など。本シリーズに、『「なにを書けばいいかわからない…」が解決! こども文章力』『「イミがわからない…」がなくなる！ こども読解力』『小学3年生から始める!こども語彙力1200 考える力が育ち、頭がグングンよくなる』『小学３年生から始める！こども知識力1200 学習意欲が育ち、５教科に自信がつく』（以上、KADOKAWA）がある。NHK Eテレ「にほんごであそぼ」総合指導。

●カバーデザイン：菊池祐
●本文デザイン：山本史子、今泉明香
（ダイアートプランニング）
●イラスト：こたきさえ
●編集協力：佐藤恵
●校閲：鷗来堂

写真提供
アフロ（P20、21下）
akg-images/アフロ（P21上、43）
Alamy/アフロ（P42）
Bridgeman Images/アフロ（P44）
Artothek/アフロ（P45）
栂尾山高山寺（P46）
JAPACK/アフロ（P47）
※そのほかの写真は、ロイヤリティーフリーです

考《かんが》える力《ちから》がぐんぐん育《そだ》ち、書《か》くことが大好《だいす》きになる！
こども「文章力《ぶんしょうりょく》」ゲーム

2024年２月２日　初版発行

著者　齋藤《さいとう》 孝《たかし》
発行者　山下直久
発行　株式会社KADOKAWA
〒102-8177　東京都千代田区富士見2-13-3
電話0570-002-301（ナビダイヤル）
印刷所　大日本印刷株式会社
製本所　大日本印刷株式会社

本書の無断複製（コピー、スキャン、デジタル化等）並びに
無断複製物の譲渡および配信は、著作権法上での例外を除き禁じられています。
また、本書を代行業者等の第三者に依頼して複製する行為は、
たとえ個人や家庭内での利用であっても一切認められておりません。

●お問い合わせ
https://www.kadokawa.co.jp/（「お問い合わせ」へお進みください）
※内容によっては、お答えできない場合があります。
※サポートは日本国内のみとさせていただきます。
※Japanese text only
定価はカバーに表示してあります。

©Takashi Saito 2024　Printed in Japan
ISBN 978-4-04-606476-9　C6081